igh

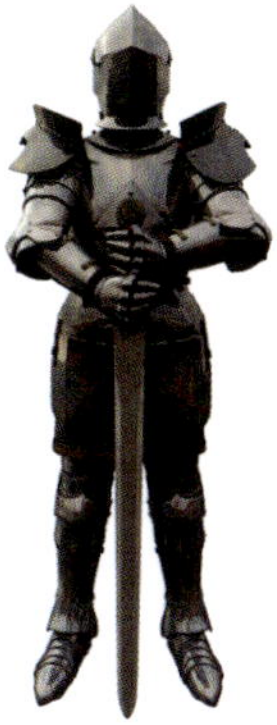

Ransom

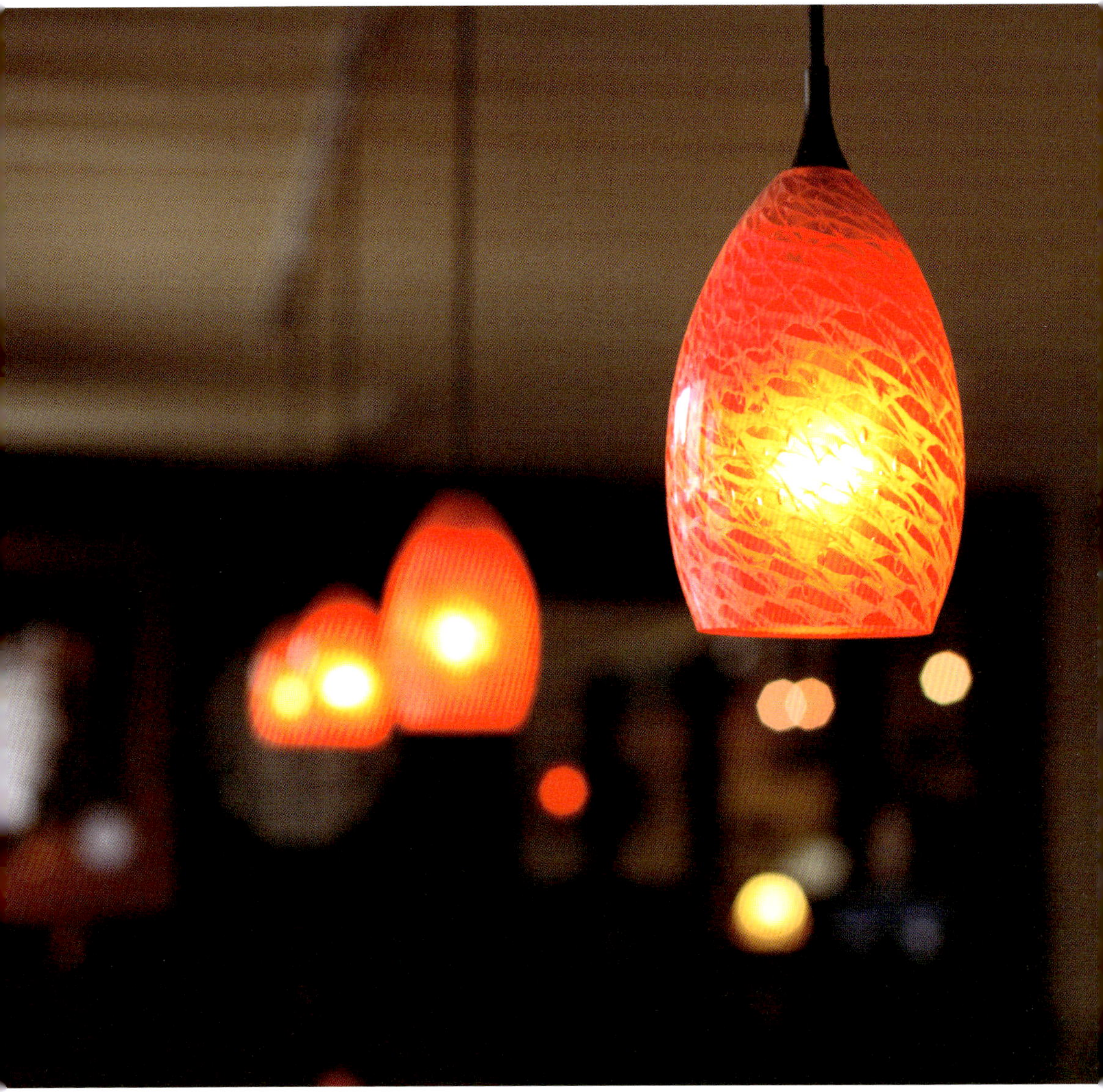

lights

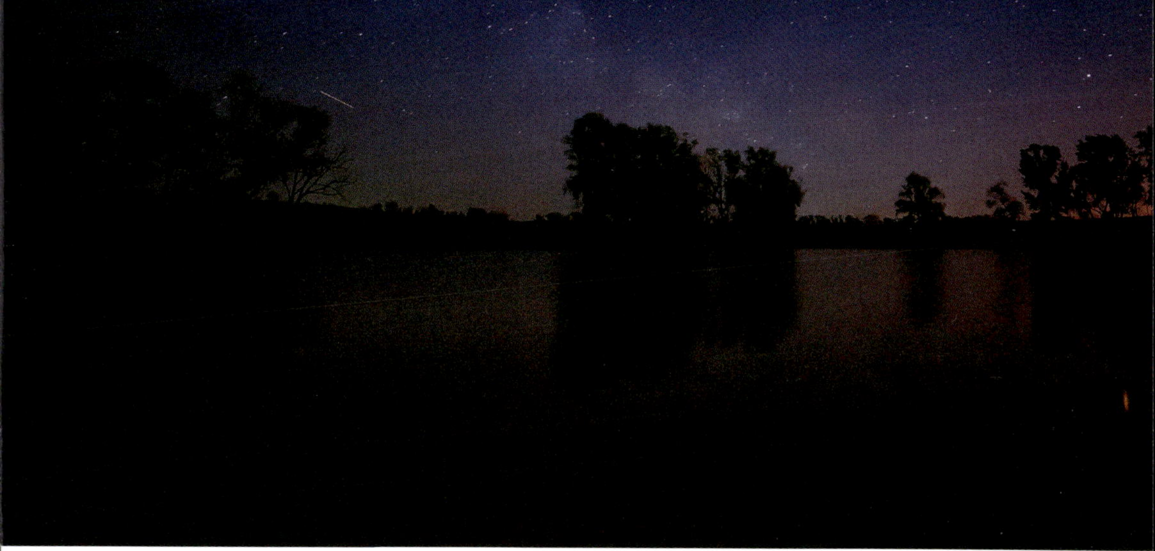

night

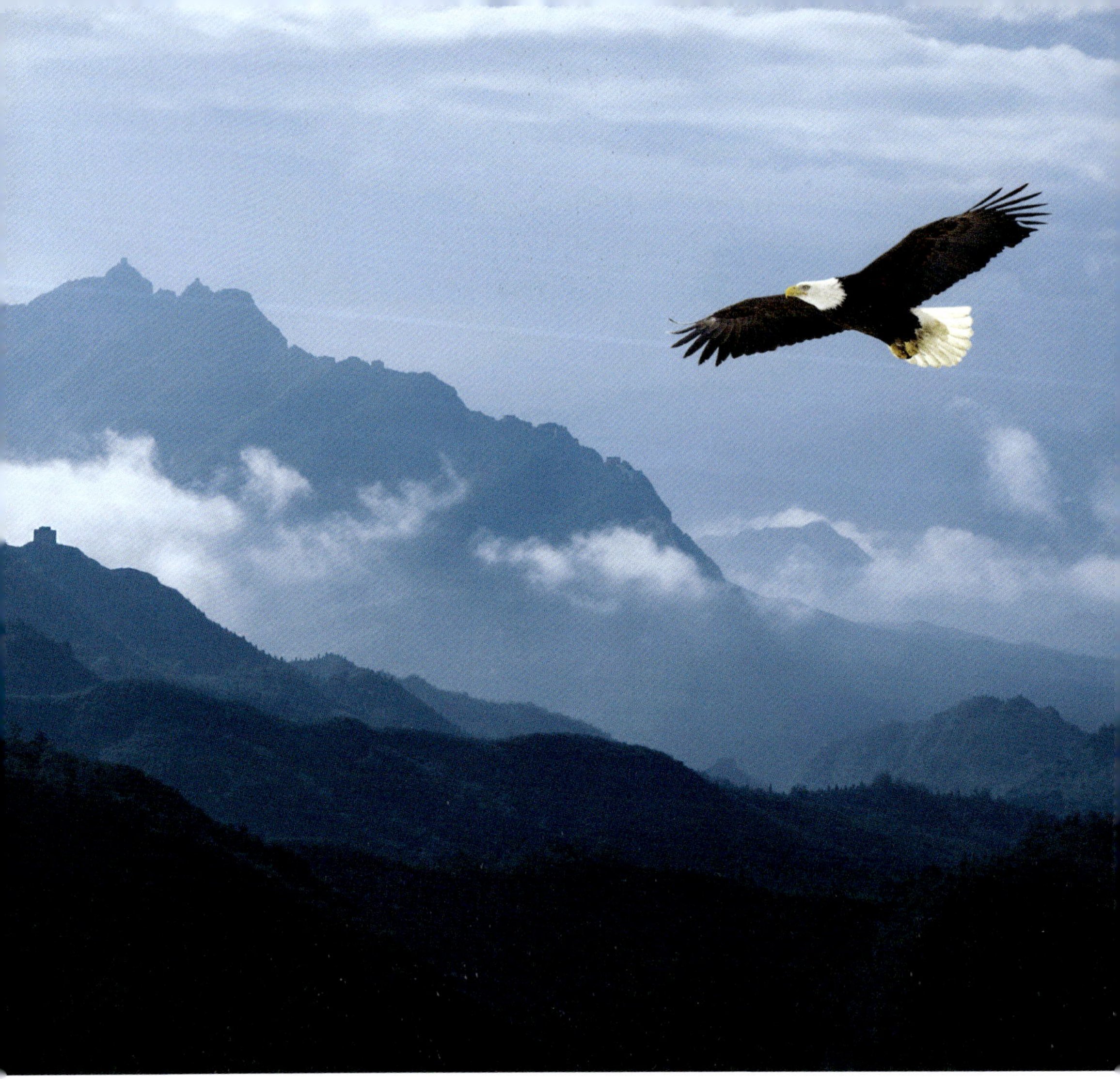

flight

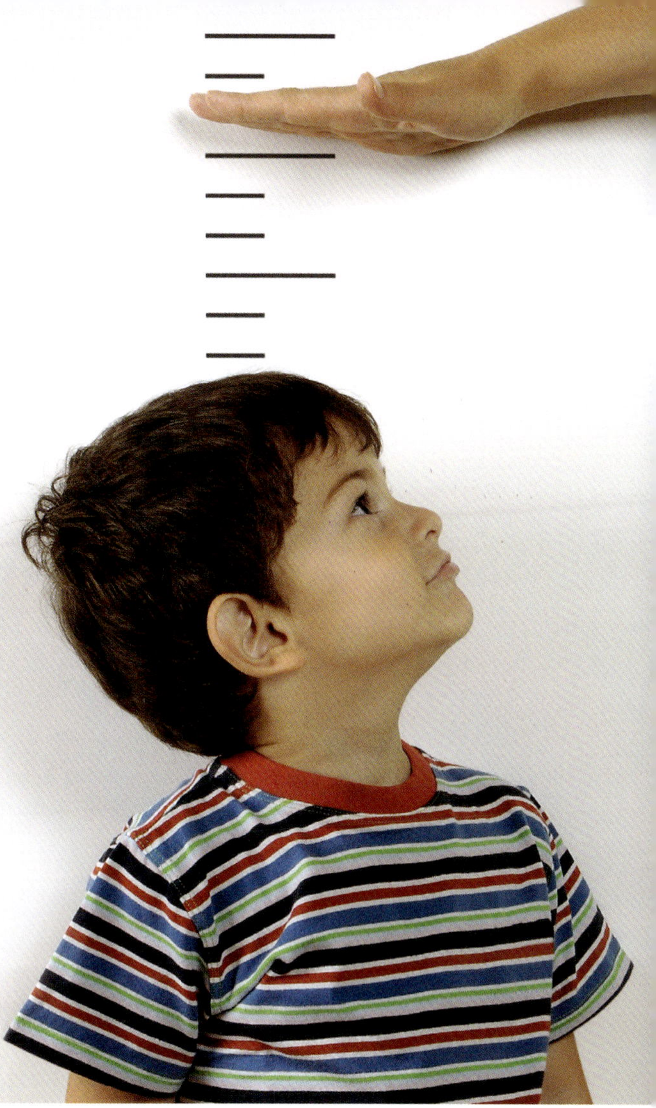

height

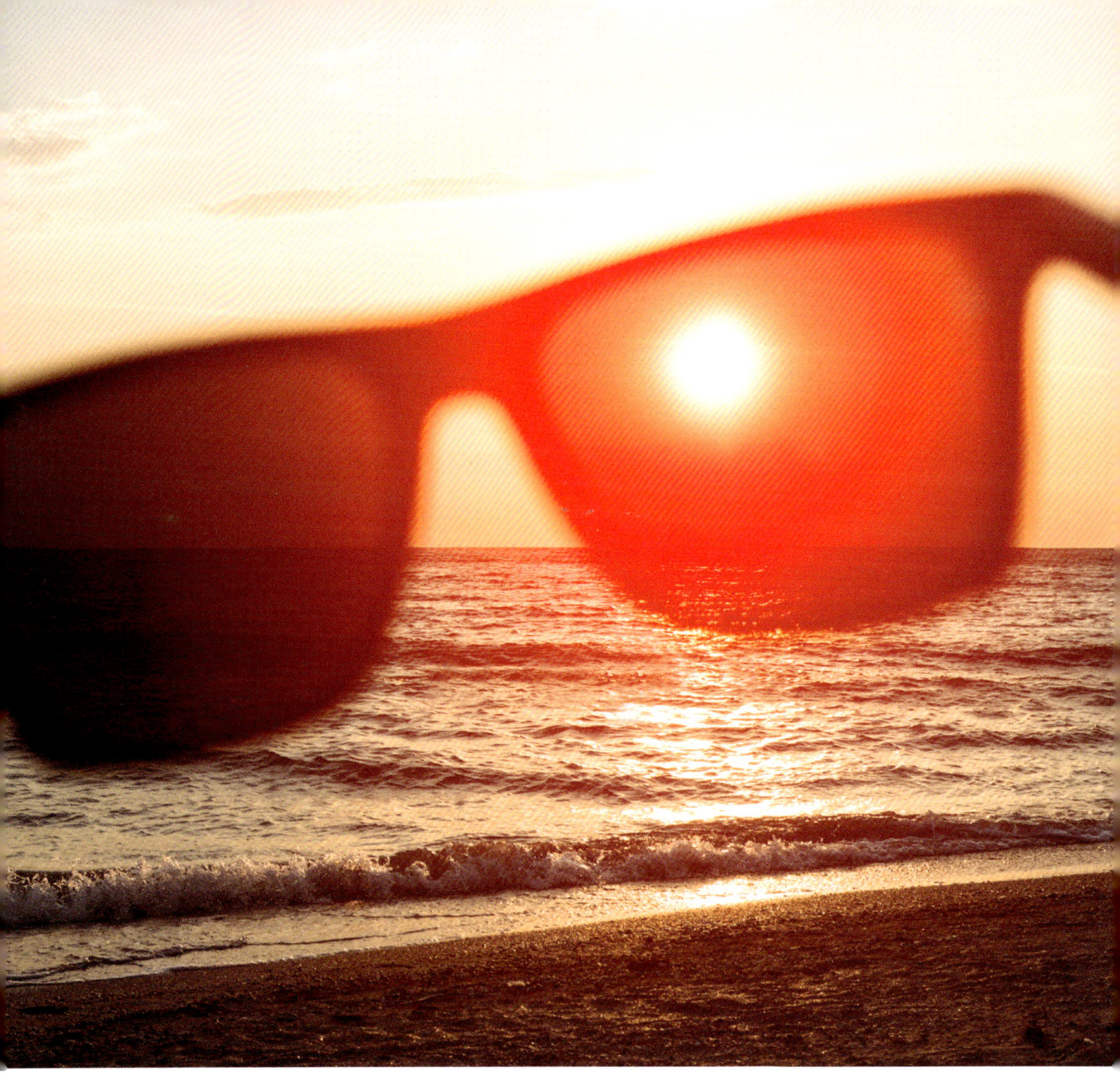

bright

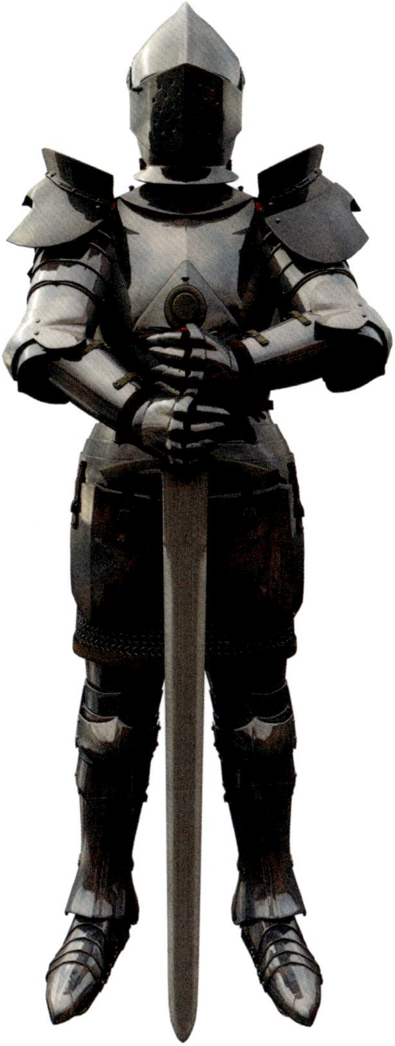

knight

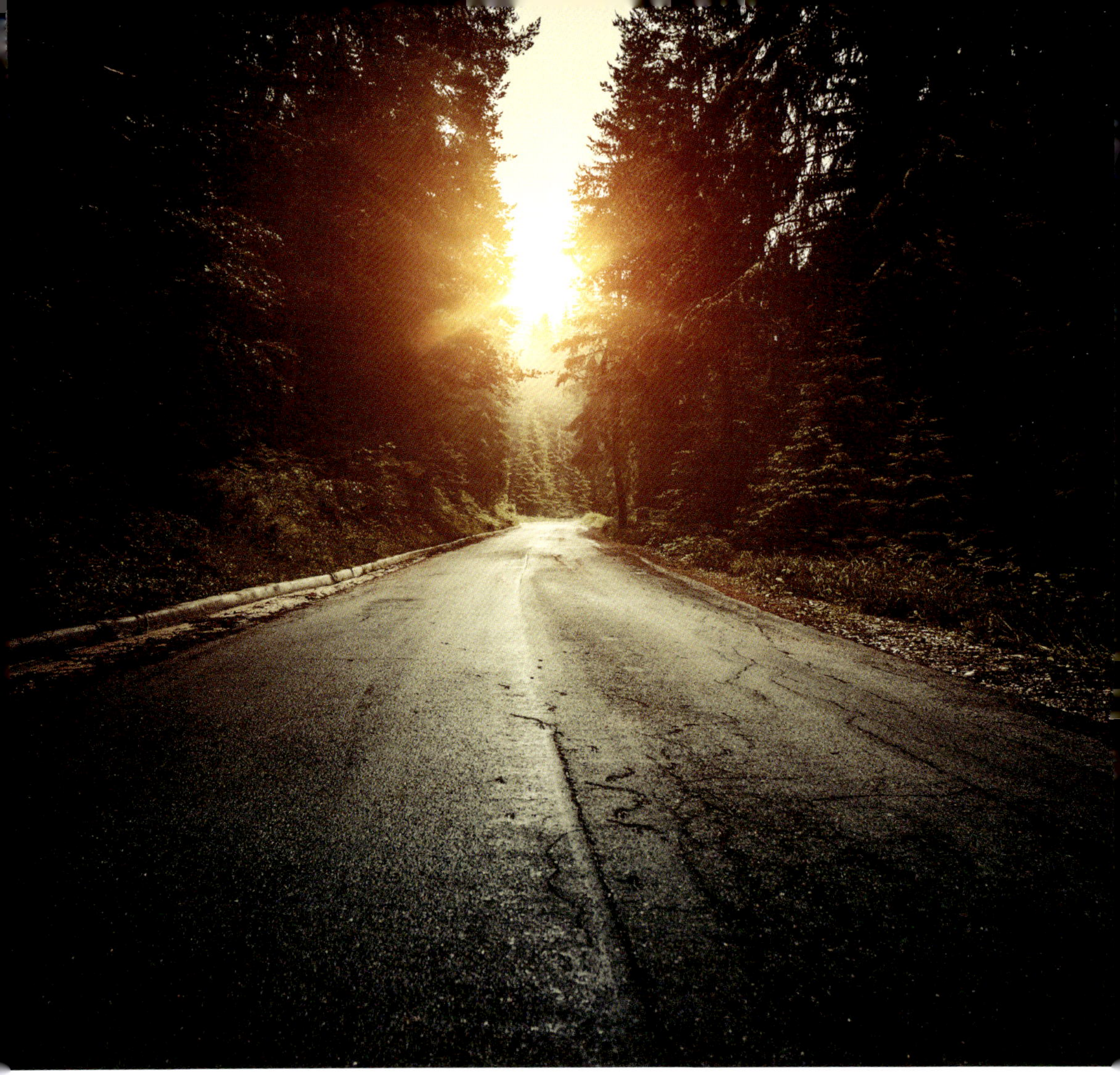

sunlight

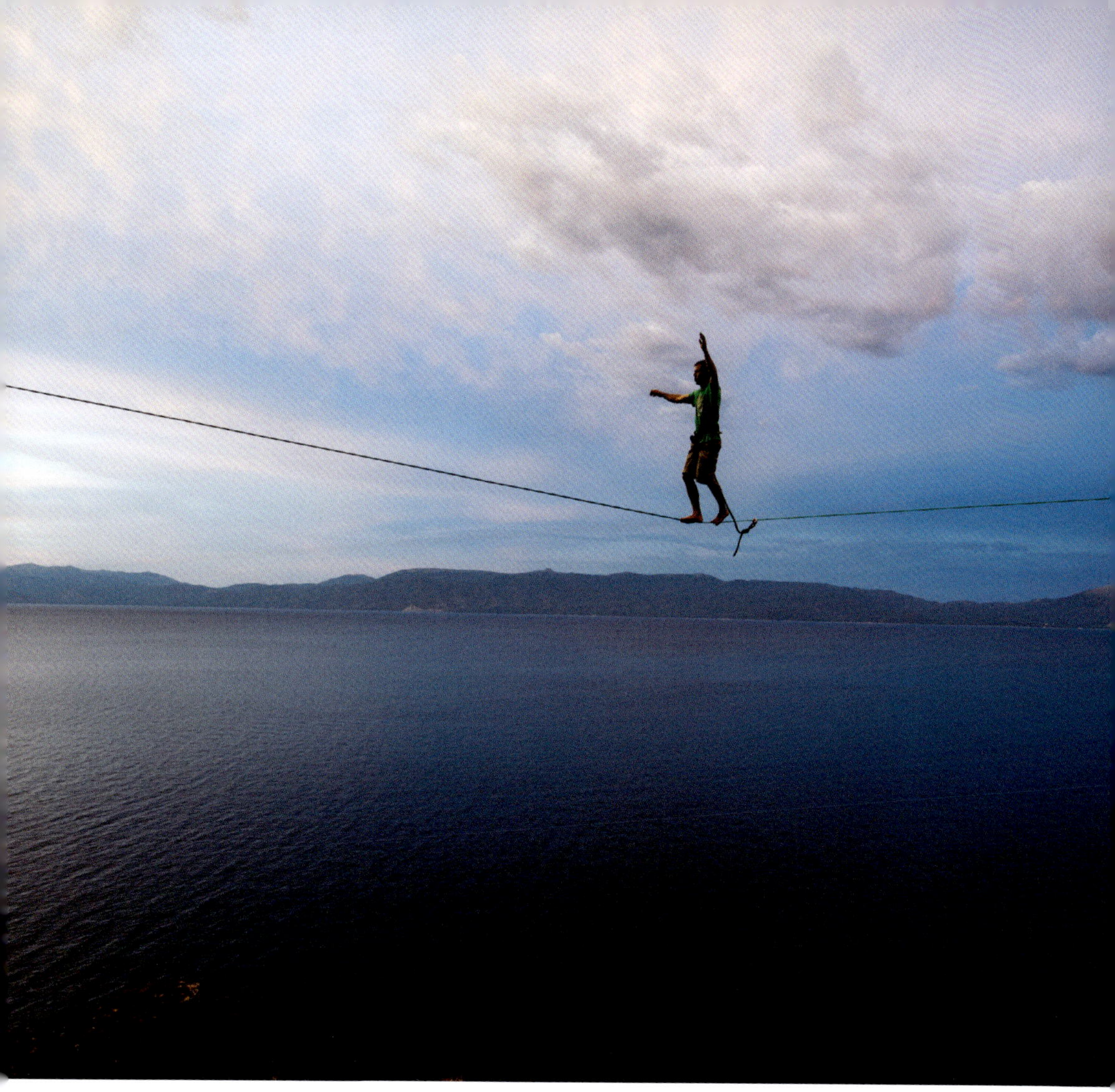

tightrope

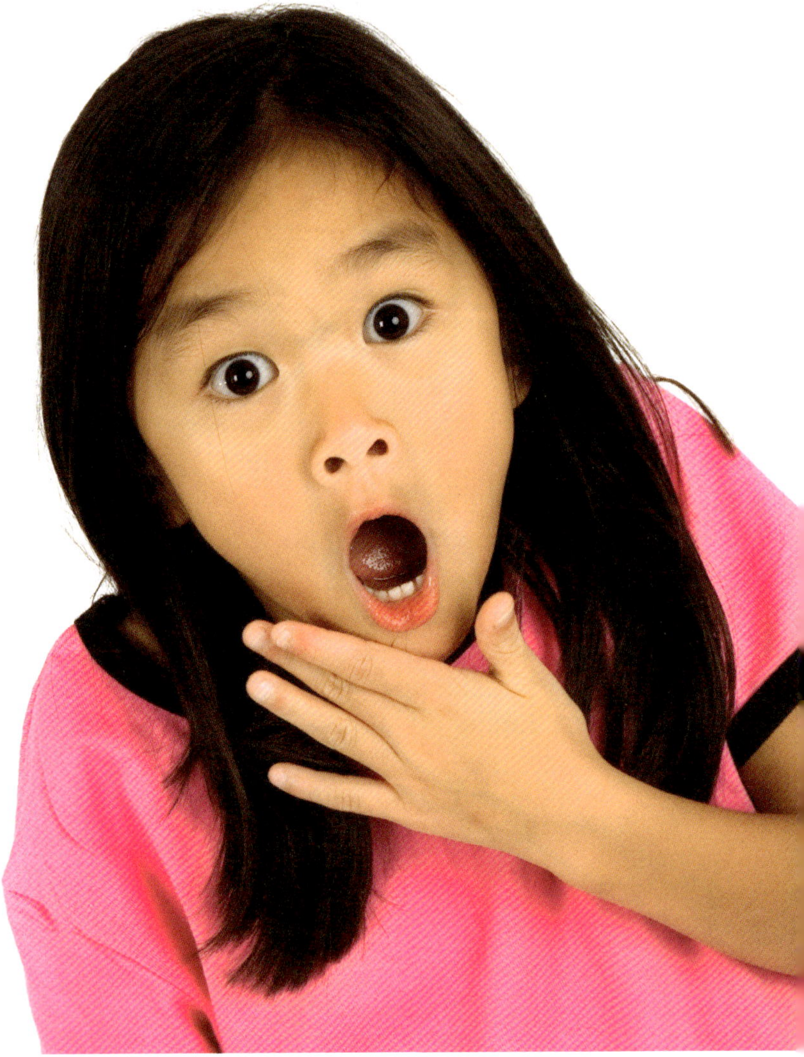

igh

igh

igh

lights

night

flight

height

bright

knight

sunlight

tightrope